LES

MONUMENTS HISTORIQUES

ET LA LÉGISLATION QUI LES CONCERNE

A L'USAGE

DES FABRIQUES, DES COMMUNES, DES PARTICULIERS ET DES ÉTABLISSEMENTS
PROPRIÉTAIRES DE CES MONUMENTS

PAR

M. L'ABBÉ JOSEPH TÉPHANY

CHANOINE DE LA CATHÉDRALE
DOYEN DU CHAPITRE DE QUIMPER

QUIMPER

TYPOGRAPHIE ARSÈNE DE KERANGAL

IMPRIMEUR DE L'ÉVÊCHÉ

—

1893

LES
MONUMENTS HISTORIQUES

LA LÉGISLATION QUI LES CONCERNE

A L'USAGE

DES FABRIQUES, DES COMMUNES, DES PARTICULIERS ET DES ÉTABLISSEMENTS

PROPRIÉTAIRES DE CES MONUMENTS

PAR

M. L'ABBÉ JOSEPH TÉPHANY

CHANOINE DE LA CATHÉDRALE

DOYEN DU CHAPITRE DE QUIMPER

QUIMPER

TYPOGRAPHIE ARSÈNE DE KERANGAL

IMPRIMEUR DE L'ÉVÊCHÉ

—

1893

PRÉFACE

Diverses consultations nous ayant été adressées au sujet des églises classées parmi les monuments historiques, nous avons cru utile de réunir, en quelques pages, la législation concernant les immeubles et les objets d'art qui figurent parmi ces monuments. Nous ajoutons, à la suite, le texte de la loi du 30 Mars 1887, et celui du décret du 3 Janvier 1889 qui détermine l'application de cette loi.

Les documents contenus dans cette petite brochure suffiront, pour faire connaître aux établissements intéressés tout ce qu'il leur importe de savoir, afin de ne pas s'attirer le blâme du Ministère des Beaux-Arts, dans la restauration et l'entretien des monuments historiques dont ils sont propriétaires.

On ne doit pas l'oublier : les administrateurs d'un immeuble ou d'un objet mobilier, classé parmi ces monuments, ont les mains liées, lorsqu'il s'agit de le réparer... Ils ne peuvent y rien faire, sans l'autorisation du Ministre chargé de sa conservation. Que d'ennuis, que de désagréments résultent de l'omission de cette formalité et des autres prescriptions touchant la matière !

LES

MONUMENTS HISTORIQUES

LA LÉGISLATION QUI LES CONCERNE

I.

Les premières mesures prises pour la conservation des monuments historiques, émanent du Ministère des Cultes.

Depuis 1859 jusqu'à ces derniers temps, un grand nombre de circulaires de ce département ont recommandé aux Évêques et aux Préfets de veiller à ce que tous les travaux, qu'il y aura lieu d'exécuter sur les édifices classés comme monuments historiques, soient préalablement soumis à l'approbation du Ministre.

Quels sont ces travaux qui doivent être soumis à l'approbation ministérielle ?

« Sont compris parmi les travaux dont les projets
« doivent être soumis à l'approbation du Ministre :
« Les peintures murales, la restauration des peintures
« anciennes, l'exécution des vitraux neufs et la restau-
« ration des vitraux anciens, les travaux qui ont pour
« objet d'agrandir, dégager, isoler et protéger un monu-
« ment classé, et aussi les travaux tels qu'installation de
« chauffage, éclairage, de distribution d'eau et autres,
« qui pourraient soit modifier une partie quelconque

« du monument, soit en compromettre la conservation.

« Est également comprise parmi ces travaux : la cons-
« truction de bâtiments annexes à élever contre un mo-
« nument classé.

« Aucun objet mobilier ne peut être placé, à perpé-
« tuelle demeure, dans un monument classé, sans l'au-
« torisation du Ministre de l'Instruction publique et des
« Beaux-Arts. » (Décret du 3 Janvier 1889.)

Que penser du badigeonnage et du grattage dans les monuments historiques, notamment dans les églises classées comme tels ?

Ils ne peuvent pas être exécutés sans l'autorisation du Ministre des Beaux-Arts.

C'est ce qu'écrivait, le 8 Octobre 1874, M. le Ministre de l'Instruction publique, des Cultes et des Beaux-Arts, aux Préfets :

« Vous devez n'autoriser aucunes restaurations ou
« modifications, aucuns agrandissements, dont les plans
« et devis n'auraient pas été soumis à l'examen de la
« Commission des monuments historiques.

« J'appelle tout particulièrement votre attention sur
« certains travaux, tels que le badigeonnage et le grat-
« tage, que les Administrations locales sont assez dispo-
« sées à considérer comme étant des mesures d'entretien
« ou de propreté, et qui ne sont, par suite, peut-être
« que plus difficiles à prévenir. C'est déshonorer un
« monument que de lui faire subir l'une ou l'autre de
« ces opérations. »

Une commune ou une fabrique, sous prétexte qu'elle a des fonds disponibles provenant, par exemple, de dons ou de quêtes, peut-elle les employer à faire dans un monument historique, par un architecte de son choix, certains travaux de réparation ?

Elle ne le peut pas. C'est ce qu'écrivait, le 22 Avril 1852, le Ministre de Persigny aux Préfets :

« Il arrive quelquefois que des communes, des fabri-
« ques, ou des particuliers, disposant de fonds plus ou
« moins considérables, se croient le droit d'en faire em-
« ploi dans un monument historique, sans en avoir
« obtenu l'autorisation, et par l'entremise d'architectes
« qui n'ont pas le talent ou l'expérience nécessaires pour
« les réparations dont on les charge. Cela n'est pas
« permis... »

II.

Est-il permis d'entourer ou de masquer un monument historique par des constructions étrangères ?

Cela n'est pas permis. C'est ce que dit, dans la même circulaire, le même Ministre :

« Par des usurpations ou des tolérances déplorables,
« plusieurs monuments sont entourés et masqués par
« des constructions parasites.

« Vous prendrez des mesures pour faire cesser ces
« abus, et s'il en était qui fussent prescrits par un long
« usage, vous me ferez connaître à quelles conditions
« l'expropriation pourrait avoir lieu. »

Que les administrateurs des monuments historiques y veillent donc, pour qu'aucune construction parasite ne vienne ni les entourer, ni les masquer. Qu'ils empêchent ou signalent à qui de droit les entreprises qui se feraient à cet effet...

III.

Le moulage ou les empreintes que l'on prend sur les monuments historiques sont-ils permis ?

Par une circulaire de 1842, adressée aux Préfets, le

Ministre de l'Intérieur, Duchatel, défend le moulage ou les empreintes que l'on prend sur les monuments historiques. Une semblable opération, toujours délicate, devient souvent impossible, en raison de la finesse des sculptures, de leur fragilité ou de leur mauvais état de conservation. « Il est donc urgent, dit le Ministre, d'empêcher le « renouvellement de pareilles mutilations. Je vous invite, « en conséquence, M. le Préfet, à donner des ordres précis « pour interdire le moulage ou l'estampage dans les monu- « ments historiques.

« Lorsque vous croirez qu'il y a lieu de faire une « exception à cette défense générale, vous voudrez bien « m'en prévenir d'avance, m'indiquer les sculptures qu'il « s'agit de mouler, et me faire connaître les motifs qui « vous paraisssent mériter une autorisation spéciale.

« Il est bien entendu que cette autorisation devra être « toujours refusée à des spéculations commerciales, et « qu'elle ne sera accordée qu'à des artistes qui donneront « toutes les garanties désirables de leur adresse et de leur « expérience. »

Les administrateurs des établissements, qui possèdent des monuments historiques, devront empêcher ces moulages et ces estampages, et dénoncer à l'autorité compétente ceux qui, trompant leur vigilance, se permettent de les faire.

Des touristes, se disant artistes, ne se gênent pas, surtout dans les campagnes, pour se livrer à ces opérations défendues, au détriment des sculptures qu'ils reproduisent, après les avoir souvent mutilées.

Il appartient aux Conseils Municipaux et aux Conseils de Fabrique d'arrêter, quand il y a lieu, ces touristes sans gêne dans les travaux de moulage qu'ils oseraient entreprendre sur les monuments classés, qui sont la

propriété des communes ou des fabriques. C'est surtout
le devoir des Maires et des Curés de veiller à ce point
important.

IV.

Les travaux de restauration ou de réparation exécutés
par l'État, dans un monument historique, comprennent-ils
nécessairement la participation de l'État aux travaux
d'entretien proprement dits ?

Non, le classement d'un immeuble, comme monument
historique, et l'exécution par l'État de travaux de restauration ou de reconstruction en cet immeuble n'impliquent
pas nécessairement la participation de l'État dans les
charges des travaux d'entretien proprement dits. (Décret
du 3 Janvier 1889, art. 9.)

« L'inscription d'une église sur la liste des monuments
« historiques, dit M. Campion, constate seulement qu'elle
« est intéressante par son architecture ; mais, en la dési-
« gnant comme un édifice à conserver, le Gouvernement
« ne s'engage nullement à donner des fonds pour la res-
« taurer, obligé qu'il est, en raison de la modicité des
« ressources dont il dispose, à faire un choix très restreint
« parmi les monuments classés, qui sont nombreux. »
(*Manuel de droit civil ecclésiastique*, p. 637, n° 16.)

Quoi qu'il en soit, les fabriques qui possèdent des
églises classées parmi les monuments historiques, doivent
tout faire pour obtenir, en leur faveur, les secours que
leur accorde l'État, suivant leur mérite et leurs besoins.

Qu'elles renouvellent souvent leurs demandes, qu'elles
y intéressent les sénateurs et les députés de leurs départements, les architectes du Gouvernement, etc.

Quelles sont les pièces à fournir pour que l'on puisse
obtenir un secours du Gouvernement en faveur d'un

édifice, par exemple, d'une église classée comme monument historique ?

Ce sont les pièces suivantes :

1° Un exposé précis des besoins de l'édifice, et de son état présent ;

2° Une notice historique sur l'édifice, avec une description du bâtiment ;

3° Des plans, coupes, dessins, ou du moins, des croquis et un plan avec des mesures ;

4° Un devis, aussi détaillé que possible, des travaux projetés, rédigé par un architecte ;

5° La situation financière de l'établissement intéressé ;

6° Le montant des sacrifices consentis par cet établissement, et celui des allocations de toute nature qui pourraient concourir à la dépense.

Les travaux doivent être divisés en trois catégories :

La première doit comprendre les travaux très urgents, qui ont pour objet la consolidation immédiate du monument ;

La seconde, les travaux moins urgents qui concernent la conservation ;

La troisième, ceux qui peuvent être différés et qui doivent compléter la restauration.

On doit enfin indiquer, dans le devis, les dépenses qui ne peuvent être divisées, en raison de la nature des travaux ou de toute autre circonstance. (Circul. du Ministre d'État du 19 Février 1844.)

Une remarque importante est à faire, lorsqu'il s'agit d'une demande de secours pour tout monument historique. Plus l'édifice, qu'il s'agit de restaurer ou de réparer, présente de l'intérêt au point de vue artistique ; plus la restauration ou la réparation est urgente ; plus l'établissement intéressé : la commune, le particulier propriétaire, ou le département font des sacrifices ; plus aussi est considérable la subvention de l'État, qui est toujours proportionnée à ces sacrifices.

Par exemple, une église, classée comme monument historique, a besoin de réparations. Que le Conseil de fabrique vote la somme dont il peut disposer à cet effet ; qu'il sollicite le concours du Conseil municipal et du Conseil général du Département.

La dépense totale est, je le suppose, de 20,000 francs. Si la Fabrique vote 5,000 francs, la Commune 2,000 francs et le Département autant, l'État accordera facilement les 11,000 francs qui restent à fournir pour avoir la somme totale. (Voir l'article 8 du décret du 3 Janvier 1889).

L'expérience et la pratique démontrent journellement la vérité de cette remarque.

V.

Comment se fait le classement d'un immeuble appartenant à l'État ?

L'immeuble appartenant à l'État est classé par arrêté du Ministre des Beaux-Arts, en cas d'accord avec le Ministre dans les attributions duquel l'immeuble se trouve placé. Dans le cas contraire, le classement sera prononcé par un décret rendu en la forme des règlements d'administration publique. (Ibid., art. 2.)

Quelles sont les formalités requises pour obtenir le classement parmi les monuments historiques des immeubles appartenant à des établissements publics ?

Les demandes de classement des immeubles appartenant à des établissements publics sont formées :

1° Si l'immeuble appartient à un département, par le Préfet, avec l'autorisation du Conseil général ;

2° S'il appartient à une commune, par le Maire, avec l'autorisation du Conseil municipal ;

3° S'il appartient à une fabrique, par le Trésorier du Conseil de Fabrique, avec l'autorisation de ce Conseil ;

4° S'il appartient à tout autre établissement public, par les représentants légaux de l'établissement.

A défaut de ces demandes, le consentement du département, de la commune, de la fabrique ou de l'établissement public est provoqué, sur l'initiative du Ministre des Beaux-Arts, par le Ministre sous l'autorité duquel l'établissement est placé ; par exemple, par le Ministre des Cultes, s'il s'agit d'une église ; par le Ministre de l'Intérieur, s'il s'agit d'un immeuble communal ou départemental.

Dans le cas où l'immeuble a fait l'objet d'une affectation, l'affectataire, c'est-à-dire, l'établissement ou celui auquel cet immeuble a été affecté, doit être consulté.

Toutes demandes de classement adressées au Ministre doivent être accompagnées, entre autres pièces, des documents graphiques représentant l'ensemble ou les détails intéressants du monument dont le classement est demandé et, autant que possible, des photographies de ce monument.

Quel est le temps dans l'espace duquel on obtient le classement d'un immeuble au nombre des monuments historiques ?

Lorsque l'accord s'établit entre le Ministre des Beaux-Arts et l'établissement propriétaire de l'immeuble, l'arrêté ministériel doit intervenir, dans les six mois, à dater du jour de cet accord.

A défaut d'arrêté dans ce délai, le projet de classement est considéré comme abandonné.

Peut-on détruire, restaurer ou réparer un immeuble

qui est l'objet d'une demande de classement, avant que l'arrêté du Ministre ne soit intervenu ?

Les immeubles, qui seraient l'objet d'une proposition de classement en cours d'instruction, ne pourront être détruits, restaurés ou réparés sans le consentement du Ministre des Beaux-Arts, jusqu'à ce que la décision ministérielle ne soit intervenue, si ce n'est après un délai de trois mois, à dater du jour où la proposition aura été régulièrement portée à la connaissance de l'établissement public ou du particulier propriétaire.

Comment se fait le classement d'un immeuble appartenant à un particulier ?

L'immeuble appartenant à un particulier sera classé par arrêté du Ministre des Beaux-Arts, après que le propriétaire lui en aura adressé la demande, ou qu'il aura donné son consentement par écrit.

L'arrêté, qui prononce le classement, en détermine les conditions et mentionne l'acceptation de ces conditions par le propriétaire.

Le particulier, qui veut obtenir le classement d'un immeuble parmi les monuments historiques, devra joindre à sa demande, entre autres pièces, les documents graphiques représentant l'ensemble ou les détails intéressants de cet immeuble, et, autant que possible, des photographies du monument. (Loi du 30 Mars 1887, art. 3 ; Décret du 3 Janvier 1889.)

VI.

Quels sont les effets du classement d'un immeuble ?

L'immeuble classé ne peut pas être détruit, même en partie, ni être l'objet d'une restauration, de réparation, de modification quelconque, sans le consentement du Ministre des Beaux-Arts. (Loi du 30 Mars 1887, art. 4.)

On ne peut pas poursuivre l'expropriation d'un immeuble classé, pour cause d'utilité publique, sans qu'on appelle ce Ministre à présenter ses observations. (Ibid.)

Les servitudes d'alignement et autres, qui pourraient causer la dégradation des monuments, ne sont pas applicables aux immeubles classés. (Ibid.)

Les effets du classement suivent l'immeuble classé, en quelques mains qu'il passe. (Ibid.)

Le Ministre des Beaux-Arts pourra, en se conformant aux prescriptions de la loi du 3 Mai 1841, poursuivre l'expropriation des monuments classés ou qui seraient, de sa part, l'objet d'une proposition de classement refusée par le particulier propriétaire. Il pourra, dans les mêmes conditions, poursuivre l'expropriation des monuments mégalithiques, ainsi que celle des terrains sur lesquels ces monuments sont placés. (Ibid. art. 5.)

VII.

L'inscription d'un immeuble sur la liste des monuments historiques implique-t-elle le classement de tous les immeubles par destination qu'il renferme ?

Aux termes des circulaires du ministre des Beaux-Arts, cette inscription implique le classement des immeubles susdits.

Pourquoi ? Parce que ces derniers ne peuvent être l'objet d'aucun travail, sans qu'il en résulte pour l'édifice classé « la modification quelconque » visée dans l'article 4 de la loi du 30 Mars 1887.

Ces immeubles par destination se trouvent donc, dès maintenant, placés sous la sauvegarde de la loi et régis par les dispositions du chapitre Ier.

On sait ce que notre législation désigne sous le nom d'immeubles par destination.

Les objets, que le propriétaire y a placés pour le service et l'exploitation d'un fonds de terre, sont immeubles par destination... — Sont aussi immeubles par destination tous effets mobiliers, que le propriétaire a attachés au fonds, à perpétuelle demeure. (Code civil, art. 524.)

Le propriétaire est censé avoir attaché à son fonds des effets mobiliers, à perpétuelle demeure, quand ils sont scellés en plâtre, ou à chaux, ou à ciment, ou lorsqu'ils ne peuvent être détachés sans être fracturés et détériorés, ou sans briser ou détériorer la partie du fonds à laquelle ils sont attachés. — Les glaces d'un appartement sont censées mises, à perpétuelle demeure, lorsque le parquet sur lequel elles sont attachées fait corps avec la boiserie. — Il en est de même des tableaux et autres ornements. — Quant aux statues, elles sont immeubles, lorsqu'elles sont placées dans une niche pratiquée exprès pour les recevoir, encore qu'elles puissent être enlevées *sans fracture* ou détérioration. (C. civ., art. 525.)

VIII.

Outre les immeubles, ne peut-on pas classer aussi des meubles parmi les monuments historiques ?

Le Ministre des Beaux-Arts autorise également le classement parmi ces monuments des objets mobiliers qui appartiennent à l'État, aux Départements, aux Communes, aux Fabriques et autres établissements publics, lorsque la conservation de ces objets présente, au point de vue de l'histoire et de l'art, un intérêt national.

Que faut-il faire pour obtenir le classement d'un objet mobilier au nombre des monuments historiques ?

La demande doit être adressée au Ministre des Beaux-Arts, accompagnée des documents graphiques et, autant que possible, des photographies de l'objet. (Art. 6, du règlement du 3 Janvier 1889.)

Pas plus que pour l'immeuble, le classement d'un objet mobilier n'implique nécessairement la participation de l'État aux travaux de restauration ou de réparation de cet objet. (Voir l'article 8 du même règlement et l'article 16.)

Toutefois, comme l'État a à son budget un crédit affecté aux monuments historiques, on peut lui demander un secours pour aider à réparer ou à restaurer les objets mobiliers comme les immeubles classés.

Que faut-il faire pour obtenir ce secours ?

On adresse au Ministre des Beaux-Arts :

1° Tous les projets de travaux concernant l'objet mobilier qu'il s'agit de réparer ou de restaurer ;

2° La situation financière de l'établissement, fabrique, commune, ou autre qui sollicite la subvention ;

3° Le montant des sacrifices consentis par le dit établissement, et celui des allocations de toute nature qui pourraient concourir à la dépense. (Voir l'article 10, ibid. et l'article 16.)

IX.

Quels sont les effets du classement des objets mobiliers ?

— Les objets mobiliers classés appartenant à l'État sont inaliénables et imprescriptibles. (Loi du 30 Mars 1887, art. 10.)

— Les objets classés appartenant aux départements, aux communes, aux fabriques, aux établissements publics, ne peuvent être restaurés, réparés, ni aliénés, par vente, don ou échange, qu'avec l'autorisation du Ministre des Beaux-Arts (Ibid. art. 11.)

— Les travaux, de quelque nature qu'ils soient, exécutés sans l'autorisation ministérielle, donneront lieu, au profit de l'État, à une action en dommages-intérêts contre ceux qui les auraient ordonnés ou fait exécuter.

Les infractions seront constatées, et les actions intentées seront suivies devant les tribunaux civils ou correctionnels, à la diligence du Ministre des Beaux-Arts, ou des parties intéressées. (Ibid., art. 12.)

Les administrateurs des objets mobiliers susdits doivent prendre garde à ces conséquences. Ils doivent s'abstenir d'y faire des restaurations ou d'autres travaux, sans avoir préalablement obtenu l'autorisation requise.

X.

Un immeuble classé peut-il être régulièrement déclassé ?

L'immeuble classé parmi les monuments historiques peut être déclassé en entier ou en partie.

Comment peut-on obtenir ce déclassement ?

Le département, la commune, la fabrique, l'établissement public, le particulier, propriétaires de l'immeuble, en font la demande au Ministre des Beaux-Arts, par l'entremise du Ministre dans les attributions duquel se trouve cet immeuble.

Le déclassement a lieu dans les mêmes formes et sous les mêmes distinctions que le classement.

Cependant, en cas d'aliénation consentie à un particulier de l'immeuble classé appartenant à une commune, à une fabrique ou à tout autre établissement public, le déclassement ne pourra avoir lieu que conformément au paragraphe 2 de l'article 2 de la loi du 30 Mars 1887.

Aux termes de ce paragraphe, le déclassement aura lieu, comme le classement, par arrêté du Ministre des

Beaux-Arts, s'il y a consentement de l'établissement propriétaire, et avis conforme du Ministre, sous l'autorité duquel l'établissement est placé.

Comment les monuments historiques régulièrement classés, appartenant à des particuliers, peuvent-ils être déclassés, si l'État ne fait aucune dépense pour eux?

Lorsque l'État n'aura fait aucune dépense pour un monument appartenant à un particulier, ce monument sera déclassé de droit, dans le délai de six mois, après la réclamation que le propriétaire pourra adresser au Ministre de l'Instruction publique et des Beaux-Arts, pendant l'année qui suivra la promulgation de la loi du 30 Mars 1887. (Art. 7 de cette loi.)

Six mois après la réclamation, le monument est déclassé de droit, sans qu'aucune formalité soit nécessaire. (Décret du 3 Janvier 1889, art. 15.)

Comment se fait le déclassement des objets mobiliers, classés parmi les monuments historiques, appartenant aux départements, aux communes, aux fabriques et autres établissements publics ?

Le déclassement, s'il y a lieu, est prononcé par le Ministre de l'Instruction publique et des Beaux-Arts.

En cas de contestation, il sera statué par décret rendu en la forme des règlements d'administration publique. (Loi du 30 Mars 1887, art. 9.)

LOI

POUR

LA CONSERVATION DES MONUMENTS ET OBJETS D'ART
Ayant un intérêt historique et artistique.

Le Sénat et la Chambre des Députés ont adopté,
Le Président de la République promulgue la loi dont
la teneur suit :

CHAPITRE I.
IMMEUBLES ET MONUMENTS HISTORIQUES OU MÉGALITHIQUES

Article 1. — Les immeubles par nature ou par destination dont la conservation peut avoir, au point de vue de l'histoire ou de l'art, un intérêt national, seront classés en totalité ou en partie par les soins du Ministre de l'Instruction publique et des Beaux-Arts.

Art. 2. — L'immeuble appartenant à l'État sera classé par arrêté du Ministre de l'Instruction publique et des Beaux-Arts, en cas d'accord avec le Ministre dans les attributions duquel l'immeuble se trouve placé. Dans le cas contraire, le classement sera prononcé par un décret rendu en la forme des règlements d'administration publique.

L'immeuble appartenant à un département, à une commune, à une fabrique ou à tout autre établissement public, sera classé par arrêté du Ministre de l'Instruction publique et des Beaux-Arts, s'il y a consentement de l'établissement propriétaire et avis conforme du Ministre sous l'autorité duquel l'établissement est placé.

En cas de désaccord, le classement sera prononcé par un décret rendu en la forme des règlements d'administration publique.

Art. 3. — L'immeuble, appartenant à un particulier, sera classé par arrêté du Ministre de l'Instruction publique et des Beaux-Arts, mais ne pourra l'être qu'avec le consentement du propriétaire. L'arrêté déterminera les conditions du classement. — S'il y a contestation sur l'interprétation et sur l'exécution de cet acte, il sera statué par le Ministre de l'Instruction publique et des Beaux-Arts, sauf recours au Conseil d'État statuant au contentieux.

Art. 4. — L'immeuble classé ne pourra être détruit, même en partie, ni être l'objet d'un travail de restauration, de réparation ou de modification quelconque, si le Ministre de l'Instruction publique et des Beaux-Arts n'y a donné son consentement.

L'expropriation, pour cause d'utilité publique d'un immeuble classé, ne pourra être poursuivie qu'après que le Ministre de l'Instruction publique et des Beaux-Arts aura été appelé à présenter ses observations.

Les servitudes d'alignement et autres, qui pourraient causer la dégradation des monuments, ne sont pas applicables aux immeubles classés.

Les effets du classement suivront l'immeuble classé, en quelques mains qu'il passe.

Art. 5. — Le Ministre de l'Instruction publique et des Beaux-Arts pourra, en se conformant aux prescriptions de la loi du 3 Mai 1841, poursuivre l'expropriation des monuments classés, ou qui seraient de sa part l'objet d'une proposition de classement refusée par le particulier propriétaire. — Il pourra, dans les mêmes conditions, poursuivre l'expropriation des monuments mégalithiques, ainsi que celle des terrains sur lesquels ces monuments sont placés.

Art. 6. — Le classement total ou partiel pourra être demandé par le Ministre, dans les attributions duquel se trouve l'immeuble classé, par le département, la commune, la fabrique, l'établissement public et le particulier propriétaire de l'immeuble.

Le déclassement aura lieu dans les mêmes formes et sous les mêmes distinctions que le classement.

Toutefois, en cas d'aliénation consentie à un particulier de l'immeuble classé, appartenant à un département, à une commune, à une fabrique ou à tout autre établissement public, le déclassement ne pourra avoir lieu que conformément au paragraphe 2 de l'article 2.

Art. 7. — Les dispositions de la présente loi sont applicables aux monuments historiques régulièrement classés avant sa promulgation.

Toutefois, lorsque l'État n'aura fait aucune dépense pour un monument appartenant à un particulier, ce monument sera déclassé de droit, dans le délai de six mois, après la réclamation que le propriétaire pourra adresser au Ministre de l'Instruction publique et des Beaux-Arts, pendant l'année qui suivra la promulgation de la présente loi.

CHAPITRE II.

OBJETS MOBILIERS.

Art. 8. — Il sera fait, par les soins du Ministre de l'Instruction publique et des Beaux-Arts, un classement des objets mobiliers appartenant à l'État, aux départements, aux communes, aux fabriques et aux établissements publics, dont la conservation présente, au point de vue de l'histoire ou de l'art, un intérêt national.

Art. 9. — Le classement deviendra définitif, si le département, les communes, les fabriques et autres établissements publics, n'ont pas réclamé dans le délai de six mois, à dater de la notification qui leur en sera faite. En cas de réclamation, il sera statué par décret rendu en la forme des règlements d'administration publique.

Le déclassement, s'il y a lieu, sera prononcé par le Ministre de l'Instruction publique et des Beaux-Arts. En cas de contestation, il sera statué comme il vient d'être dit ci-dessus.

Un exemplaire de la liste des objets classés sera déposé au Ministère de l'Instruction publique et des Beaux-Arts, et à la Préfecture de chaque département, où le public pourra en prendre connaissance sans déplacement.

Art. 10. — Les objets classés et appartenant à l'État seront inaliénables et imprescriptibles.

Art. 11. — Les objets classés appartenant aux départements, aux communes, aux fabriques ou autres établissements publics, ne pourront être restaurés, réparés, ni aliénés par vente, don ou échange, qu'avec l'autorisation du Ministre de l'Instruction publique et des Beaux-Arts.

Art. 12. — Les travaux, de quelque nature qu'ils soient, exécutés en violation des articles qui précèdent, donneront lieu, au profit de l'État, à une action de dommages-intérêts contre ceux qui les auraient ordonnés ou fait exécuter.

Les infractions seront constatées et les actions intentées et suivies devant les tribunaux civils ou correctionnels, à la diligence du Ministre de l'Instruction publique et des Beaux-Arts ou des parties intéressées.

Art. 13. — L'aliénation faite en violation de l'article

11 sera nulle, et la nullité en sera poursuivie par le propriétaire vendeur, ou par le Ministre de l'Instruction publique et des Beaux-Arts, sans préjudice des dommages-intérêts qui pourraient être réclamés contre les parties contractantes et contre l'officier public qui aura prêté son concours à l'acte d'aliénation.

Les objets classés qui auraient été aliénés irrégulièrement, perdus ou volés, pourront être revendiqués pendant trois ans, conformément aux dispositions des articles 2279 et 2280 du code civil. La revendication pourra être exercée par les propriétaires et, à leur défaut, par le Ministre de l'Instruction publique et des Beaux-Arts.

CHAPITRE III.

FOUILLES.

Art. 14. — Lorsque par suite de fouilles, de travaux ou d'un fait quelconque, on aura découvert des monuments, des ruines, des inscriptions ou des objets pouvant intéresser l'archéologie, l'histoire ou l'art, sur des terrains appartenant à l'État, à un département, à une commune, à une fabrique ou autre établissement public, le Maire de la commune devra assurer la conservation provisoire des objets découverts, et aviser immédiatement le Préfet du département des mesures qui auront été prises.

Le Préfet en référera, dans le plus bref délai, au Ministre de l'Instruction publique et des Beaux-Arts, qui statuera sur les mesures à prendre.

Si la découverte a eu lieu sur le terrain d'un particulier, le Maire en avisera le Préfet. Sur le rapport du Préfet, et après avis de la Commission des monuments historiques, le Ministre de l'Instruction publique et des Beaux-Arts pourra poursuivre l'expropriation du dit terrain, en tout ou en partie, pour cause d'utilité publique, suivant les formes de la loi du 3 Mai 1841.

Art. 15. — Les décisions prises par le Ministre de l'Instruction publique et des Beaux-Arts, en exécution de la présente loi, seront rendues après avis de la Commission des monuments historiques.

CHAPITRE IV.

DISPOSITIONS SPÉCIALES A L'ALGÉRIE ET AUX PAYS DE PROTECTORAT.

Art. 16. — La présente loi est applicable à l'Algérie. Dans cette partie de la France, la propriété des objets d'art ou d'archéologie, édifices, mosaïques, bas-reliefs, statues, médailles, vases, colonnes, inscriptions, qui pourraient exister sur et dans le sol des immeubles appartenant à l'État, ou concédés par lui à des établissements publics ou à des particuliers, sur et dans les terrains militaires, est réservée à l'État.

Art. 17. — Les mêmes mesures seront étendues à tous les pays placés sous le protectorat de la France et dans lesquels il n'existe pas déjà une législation spéciale.

Disposition transitoire. — Art. 18. — Un règlement d'administration publique déterminera les détails d'application de la présente loi.

La présente loi, délibérée, etc.....

Fait à Paris, le 30 Mars 1887.

Signé : JULES GRÉVY.

Par le Président de la République :

Le Ministre de l'Instruction publique et des Beaux-Arts,

Signé : BERTHELOT.

RAPPORT

Paris, le 3 Janvier 1889.

Monsieur le Président,

La loi du 30 mars 1887, relative à la conservation des monuments et objets ayant un intérêt historique et artistique, dispose qu'un règlement d'administration publique déterminera les détails d'application de cette loi.

J'ai, en vue de l'exécution de cette disposition, invité la Commission des monuments historiques à formuler les mesures de réglementation qui lui paraissaient devoir être ici appliquées, et j'ai renvoyé ce premier projet à l'examen du Conseil d'Etat, qui m'a proposé d'y apporter certaines modifications.

En tenant compte de ces dernières, j'ai arrêté le texte définitif du projet de décret ci-joint, que j'ai l'honneur de soumettre à votre signature.

Je vous prie d'agréer, Monsieur le Président, l'hommage de mon profond respect.

Le ministre de l'Instruction publique,
et des Beaux-Arts,

E. LOCKROY.

LE PRÉSIDENT DE LA RÉPUBLIQUE FRANÇAISE,

Sur le rapport du Ministre de l'Instruction publique et des Beaux-Arts :

Vu la loi du 30 Mars 1887, relative à la conservation des monuments et objets ayant un intérêt historique et artistique, notamment l'article 18, ainsi conçu : « Un

« règlement d'administration publique déterminera les
« détails d'application de la présente loi ; »

Le Conseil d'État entendu,

Décrète :

Art. 1er. — Le classement, en totalité ou en partie, des immeubles par nature ou par destination, dont la conservation peut avoir, au point de vue de l'histoire ou de l'art, un intérêt national est prononcé par arrêté spécial du Ministre de l'Instruction publique et des Beaux-Arts.

L'arrêté détermine les parties de l'immeuble auxquelles le classement s'applique. Il vise l'avis de la Commission des monuments historiques et, s'il y a lieu, ceux du Ministre intéressé et des représentants légaux de l'établissement public propriétaire.

Art. 2. — Si l'immeuble appartient à l'État, l'initiative du classement est prise, soit par le Ministre dans les attributions duquel cet immeuble se trouve placé, soit par le Ministre de l'Instruction publique et des Beaux-Arts.

En cas de désaccord, le Ministre de l'Instruction publique et des Beaux-Arts transmet au Conseil d'État, avec les observations de son collègue, le projet de décret prévu par l'article 2 de la loi du 30 Mars 1887, et l'avis de la Commission des monuments historiques et les observations de son collègue.

Art. 3. — Les demandes de classement des immeubles appartenant à des établissements publics sont formées :

1° Si l'immeuble appartient à un département, par le Préfet, avec l'autorisation du Conseil général ;

2° S'il appartient à une commune, par le Maire, avec l'autorisation du Conseil Municipal ;

3° S'il appartient à une fabrique, par le Trésorier du Conseil de Fabrique, avec l'autorisation de ce Conseil ;

4° S'il appartient à tout autre établissement public, par les représentants légaux de l'établissement.

A défaut de ces demandes, le consentement du département, de la commune, de la fabrique ou de l'établissement public est provoqué, sur l'initiative du Ministre de l'Instruction publique et des Beaux-Arts, par le Ministre sous l'autorité duquel l'établissement est placé.

Dans le cas où l'immeuble a fait l'objet d'une affectation, l'affectataire doit être consulté.

Art. 4. — Si l'établissement public n'a pas donné son consentement, ou si l'avis du Ministre, sous l'autorité duquel l'immeuble est placé, n'est pas favorable, le Ministre de l'Instruction publique et des Beaux-Arts transmet au Conseil d'État, avec le projet de décret et l'avis de la Commission des monuments historiques, les observations des administrations ou établissements intéressés et celles de son collègue.

Art. 5. — Le classement de l'immeuble, appartenant à un particulier, ne peut être prononcé qu'après que le propriétaire en a adressé la demande au Ministre de l'Instruction publique et des Beaux-Arts, ou qu'il a donné son consentement par écrit.

L'arrêté qui prononce le classement en détermine les conditions et mentionne l'acceptation de ces conditions par le propriétaire.

Art. 6. — Toutes demandes de classement adressées au Ministre doivent être accompagnées, entre autres pièces, des documents graphiques représentant l'ensemble ou les détails intéressants du monument dont le classement est demandé, et, autant que possible, des photographies de ce monument.

Art. 7. — Lorsque l'accord s'établit entre le Ministre de l'Instruction publique et des Beaux-Arts, et l'établissement ou le particulier propriétaire de l'immeuble, l'arrêté du Ministre doit intervenir, dans les six mois, à dater du jour de cet accord.

A défaut d'arrêté dans ce délai, le projet de classement est considéré comme abandonné.

Art. 8. — Le classement d'un immeuble n'implique pas nécessairement la participation de l'État aux travaux de restauration ou de réparation. Dans le cas où une partie de ces dépenses est mise à sa charge, l'importance de son concours est fixée, en tenant compte de l'intérêt de l'édifice, de son état actuel et des sacrifices consentis par le département, la commune, l'établissement public ou le particulier propriétaire du monument.

Art. 9. — Le classement d'un immeuble et l'exécution par l'État de travaux de restauration ou de réparation n'impliquent pas la participation de l'État dans les charges des travaux d'entretien proprement dits.

Art. 10. — Tous projets de travaux concernant un monument classé sont adressés ou communiqués au Ministre de l'Instruction publique et des Beaux-Arts.

Si le projet comporte une demande d'allocation sur le crédit affecté aux monuments historiques, il est accompagné de pièces établissant : 1° la situation financière du département, de la commune ou de l'établissement public qui sollicite la subvention ; 2° le montant des sacrifices consentis soit par l'établissement, soit par le particulier propriétaire, et celui des allocations de toute nature qui pourraient concourir à la dépense.

Art. 11. — Sont compris parmi les travaux dont les projets doivent être soumis à l'approbation du Ministre : les peintures murales, la restauration des peintures anciennes, l'exécution de vitraux neufs et la restauration de vitraux anciens ; les travaux qui ont pour objet d'agrandir, dégager, isoler et protéger un monument classé, et aussi les travaux tels qu'installation de chauffage, d'éclairage, de distribution d'eau et autres qui pourraient soit modifier une partie quelconque du monument, soit en compromettre la conservation.

Est également comprise parmi ces travaux la construction de bâtiments annexes à élever contre un monument classé.

Aucun objet mobilier ne peut être placé, à perpétuelle demeure, dans un monument classé, sans l'autorisation du Ministre de l'Instruction publique et des Beaux-Arts.

Art. 12. — Les immeubles, qui seraient l'objet d'une proposition de classement en cours d'instruction, ne pourront être détruits, restaurés ou réparés sans le consentement du Ministre de l'Instruction publique et des Beaux-Arts, jusqu'à ce que la décision ministérielle soit intervenue, si ce n'est après un délai de trois mois, à dater du jour où la proposition aura été régulièrement portée à la connaissance de l'établissement public ou du particulier propriétaire.

Art. 13. — Si, après le classement d'un monument appartenant à un particulier, et en dehors des conditions prévues par l'article 3 de la loi, l'État accorde une subvention pour la conservation ou la restauration de ce monument, l'arrêté ministériel qui alloue la subvention détermine les conditions particulières qui peuvent être imposées au propriétaire, et mentionne le consentement écrit de celui-ci.

Art. 14. — Sont considérés comme régulièrement classés avant la promulgation de la loi :

1° Les monument classés avec le consentement de

ceux auxquels ils appartenaient ou dans les attributions desquels ils se trouvaient placés ;

2° Les monuments qui auraient été classés d'office par le Ministre de l'Instruction publique et des Beaux-Arts et dont le classement, après avoir été porté à la connaissance des intéressés, n'aura été l'objet d'aucune protestation dans le délai de trois mois ;

3° Les monuments classés pour lesquels l'État aura fait une dépense quelconque sur le crédit affecté aux monuments historiques.

Art. 15. — Le délai d'un an, accordé aux particuliers par l'article 7 de la loi, pour réclamer le déclassement des monuments pour lesquels l'État n'a fait aucune dépense, ne commence à courir qu'à dater de la notification faite au propriétaire, si elle est postérieure à la promulgation de la loi.

Six mois après la réclamation, le monument est déclassé de droit, sans qu'aucune formalité soit nécessaire.

Art. 16. — Les articles 6, 8 et 10 du présent règlement sont aplicables aux objets mobiliers appartenant à l'État, aux départements, aux communes, aux fabriques et aux autres établissements publics, dont la conservation présente, au point de vue de l'histoire et de l'art, un intérêt national.

Art. 17. — Le classement des objets mobiliers prescrit par l'article 8 de la loi est fait par le Ministre de l'Instruction publique et des Beaux-Arts, soit d'office, soit sur la demande du Ministre dans les attributions duquel est placé le service auquel ces objets sont affectés, soit sur celle des représentants légaux de l'établissement propriétaire.

Art. 18. — Le classement de ces objets est notifié :

si les objets classés appartiennent à l'État, au Ministre dans les attributions duquel est placé le service auquel ils sont affectés ; s'ils appartiennent à un établissement public, aux représentants légaux de cet établissement et au Ministre dans les attributions duquel il est placé.

En ce qui concerne les départements et les communes, le délai de six mois, dans lequel la réclamation peut être faite, ne court que du dernier jour de la session ordinaire ou extraordinaire dans laquelle cette notification aura été portée à la connaissance du Conseil Général ou du Conseil Municipal.

Art. 19. — A défaut de réclamation de la part de l'établissement public, le Ministre dans les attributions duquel cet établissement est placé peut réclamer d'office contre le classement ou le déclassement.

Dans tous les cas où il doit être statué par décret rendu en la forme des règlements d'administration publique, le Ministre de l'Instruction publique et des Beaux-Arts transmet au Conseil d'État, avec l'arrêté attaqué et l'avis de la Commission des monuments historiques sur la réclamation, les observations du Ministre intéressé et, s'il y a lieu, celles de l'établissement public.

Art. 20. — L'action civile ouverte, au profit de l'État, par l'article 12 de la loi, devant les Tribunaux civils ou devant les Tribunaux correctionnels, si l'infraction est accompagnée d'un délit de droit commun, contre les personnes qui auront contrevenu aux dispositions des articles 4 et 10 de ladite loi, ainsi que celle qui appartient au propriétaire est, en ce qui concerne les établissements publics, intentée et suivie à la diligence, soit du Ministre de l'Instruction publique et des Beaux-Arts, soit des représentants légaux de l'établissement.

Art. 21. — L'organisation de la Commission des

monuments historiques et le mode de nomination de ses membres sont réglés par décret.

Art. 22. — Le Ministre de l'Instruction publique et des Beaux-Arts est chargé de l'exécution du présent décret, qui sera inséré au *Journal officiel* et au *Bulletin des lois.*

Fait à Paris, le 3 Janvier 1889.

CARNOT.

FIN

QUIMPER, IMPR. DE KERANGAL.

OUVRAGES DU MÊME AUTEUR

Œuvres et Vie de Mgr Graveran, évêque de Quimper, 4 vol. in-8', chez Vivès, Paris, rue Delambre, 13, prix   24 f. » »

Vie de Mgr Graveran, évêque de Quimper, 1 volume in-8°, chez le même, prix   4   50

Vie de Mgr Sergent, évêque de Quimper, 1 vol. in-8°, chez le même, prix   4   50

Le Guide de l'Administration temporelle des paroisses, 2 vol. in-8° (2e édition), chez le même, prix....   12   » »

Le Vade-Mecum du fabricien, 1 vol. in-12, chez le même, prix   3   » »

Traité des dispenses matrimoniales, 1 vol. in-8° (2e édition), chez le même, prix................:   6   » »

La Constitution *APOSTOLICÆ SEDIS*, 1 vol. in-8°, chez Cattier, à Tours, prix...............................   6   » »

Histoire de la Persécution religieuse dans les diocèses de Quimper et de Léon, à la fin du siècle dernier, 1 vol. in-8°, chez l'Auteur et chez les libraires de Quimper, prix......................   4   » »

Les Menses épiscopales, brochure in-8° de 32 pages, chez l'Auteur, prix ....   »   75

QUIMPER, IMPR. AR. DE KERANGAL.

www.ingramcontent.com/pod-product-compliance
Ingram Content Group UK Ltd.
Pitfield, Milton Keynes, MK11 3LW, UK
UKHW022316170726
13837UKWH00005BA/2028